AF253679

LA PREMIÈRE

AUX

RÉPUBLICAINS

PAR

MARCUS ALLART

EX-CANDIDAT A PARIS

CONTRE

MM. DE RÉMUSAT ET BARODET

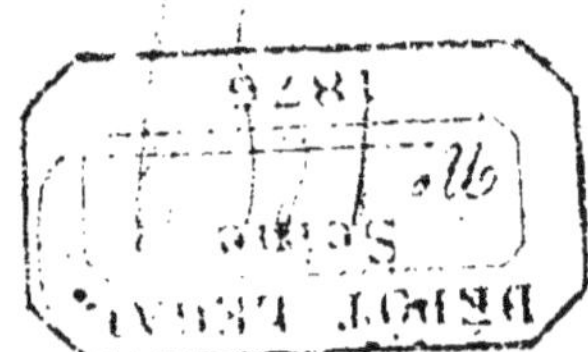

10 centimes

PARIS

IMPRIMERIE BLOT ET FILS AINÉ

7, RUE BLEUE, 7

LA PREMIÈRE AUX RÉPUBLICAINS

Par MARCUS ALLART

ex-candidat à Paris

CONTRE MM. DE RÉMUSAT ET BARODET

Elle est donc arrivée devant les Chambres, cette fameuse question soi-disant cléricale. Disons mieux, disons vrai : LA QUESTION CATHOLIQUE ! !

Chacun s'y est essayé ; chacun de ceux qui comptent ou aspirent à compter. Et cependant quelle lamentable faiblesse de toutes parts ! Un seul peut-être, a paru un moment vouloir toucher LE BUT : M. Bernard-Lavergne, mais *sans chaleur communicative*, SANS PASSION ! Je ne dirai certes pas, sans conviction. Il a osé s'écrier que l'État avait le droit... *de bannir les évêques factieux*... et il s'est rassis sans rien dire, ET SANS RIEN DEMANDER DE PLUS.

Essayons donc à notre tour, nous simple électeur français, de dire, comme c'est notre droit, tout ce que ces vains et puérils débats nou inspirent !

Armons-nous de patience pour entrer dans cette fournaise qu'on appelle : la discussion. Ce vaste champ, où l'on est quelquefois forcé d'apprendre les choses, de par les gens qui les ignorent le plus

Profitons donc une fois, *une fois n'est pas coutume*! des leçons du journal des *Débats* politiques et littéraires, ce journal bourgeois, gourmé et renfrogné qui en donne sans cesse. Il nous dit aujourd'hui même, que dans toute discussion, il faut chercher à éclairer et non à blesser! Soit, et nous y aurons d'ailleurs d'autant plus de mérite, qu'étant toujours BONAPARTISTE, et le disant toujours haut!!! malgré vents et marées! nous passerons ainsi à l'etat de bon chrétien incontesté du premier coup, recevant de partout des injures, et n'y répondant que par des raisonnements;.. il ne nous restera que le bien simple et bien inoffensif espoir, qu'ils ne seront pas... A DORMIR DEBOUT, comme ceux de ce pauvre cuistre larmoyant de Jules... Simon, comme tous ceux que nous subissons tout le jour : à la chambre, *dans la rue* (à tout Seigneur tout honneur !... nous sommes en République !!) et dans les salons!!!

Que de paroles bon Dieu ! pour défigurer les questions, les déformer, les rendre méconnaissables ! ! !

Où en sommes-nous *descendus ?* nous qu'on disait jadis : *le peuple le plus spirituel de la terre ! !*

Entrons vite dans le vif du sujet :

Voici un Napoléon-Bonaparte, gendre de Victor-Emmanuel, le roi GALANT-HOMME, qui vient de nous dire au parlement : « Que si « l'Empire s'est trouvé seul, vis-à-vis de la Prusse, le jour où il lui « demandait *comme juste compensation* de ses récents agrandisse- « ments : LES BOUCHES DU RHIN ET DE L'ESCAUT ! c'est « parce qu'il avait inféodé sa cause, LA CAUSE SACRÉE, *la cause* « *de la France,* avec celle du *pouvoir temporel des Papes* !!! » La France de Jemmapes et de Fleurus, de Lodi, de Marengo et d'Arcole !!! La France d'Austerlitz (LE 2 DÉCEMBRE !!!) ; la France de Magenta, de Solférino et de Castelfidardo.... S'IDENTIFIAIT avec la dernière, la plus sanglante et la plus infame épave du moyen-âge . . . .

. . . .

LA PAPAUTÉ !!!

Pour la maintenir, pour la soutenir, on refusait deux alliances : 600,000 hommes ! ! ! 600,000 *hommes ! ! !* Et c'est un Napoléon-Bonaparte qui nous le dit ! NAPOLÉON V PEUT ÊTRE !!! N'est-il donc pas temps de s'écrier : Écoutez, écoutez, écoutez !!! comme on le fait dans le Parlement d'Angleterre, lorsque *la puissance* du pays est en jeu,.... et qu'il s'agit du Rhin, de Constantinople, de l'Égypte ou des Grandes-Indes ???

Oui, oyez donc bonnes gens, pourquoi vous avez perdu l'Alsace et la Lorraine, lorsqu'il vous était cependant si facile de reprendre, *en suivant la même route, votre frontière du Rhin ; comme vous aviez su reprendre votre frontière des Alpes ! ! !*

Mais la politique catholique... LE JÉSUITISME, *et c'est tout un,...* s'est jetée à la traverse. Le Catholicisme a voulu jouer là... sa dernière partie... ET IL L'A PERDUE !!!

Car c'est lui qui l'a perdue, et la France de 89, il ne nous est pas permis d'en douter, saura un jour... *enfin !* séparer sa cause... *la cause du drapeau tricolore !!* de celle de ce Syllabus, qui se présente à nous... FRANÇAIS !! entre deux dogmes qui ne se le disputent qu'en stupidité révoltante et puérile : L'IMMACULÉE CONCEP-TION ET... L'INFAILLIBILITÉ PAPALE !!!

Mais jusqu'où donc, la France immortelle de 1789, de Voltaire, de Rousseau et de Béranger, compte-t-elle s'avancer dans cette voie ??

Faible pays ! Faibles têtes ! ! Non : *faibles têtes et bons cœurs ! !*

Et voilà cependant le camp républicain qui triomphe de ses aveux d'un Bonaparte ! Et qui en triomphe avec qui donc ? *avec le drapeau blanc ! !* Tant il est vrai que la haine est aveugle, et que le taureau dès qu'il voit la loque rouge, se précipite dessus le Guerilleros qui l'agite devant lui,... *et ne terrasse que le vent ! ! !*

Oui, nous avons vu, spectacle aussi triste qu'égayant : la République-Gambetta, essayer de triompher encore de l'Empire-Napoléon V, parce qu'il avouait que l'Empire-Napoléon III, avait mieux aimé tomber, ou plutôt combattre seul, que de faire faux bon à l'austère JAMAIS du VICE-EMPEREUR :... MONSIEUR EUGÈNE ROUHER ! ! ! ! !

Mais : *Gambetta cerveau malade !* (j'ai dit en commençant que je voulais *persuader*, *et non blesser*, et l'on m'avouera que : CERVEAU MALADE, par le temps de grossières et d'ignobles épithètes qui courent, est un mot.... *modeste !*..... bien fait pour remplir ce rôle !) Cerveau triplement malade, comme la tiare est triplement couronnée ! N'est-ce donc pas vous, Monsieur Gambetta, qui, pas plus tard qu'hier, avez jeté votre bonnet d'avocat dans la balance; vous le chef, dit-on, de la majorité républicaine (ELLE EST JOLIE ! ! !), pour lui faire voter le maintien de notre ambassadeur auprès du prétendu Saint-Siége,... auprès de ce prétendu Saint-Siége,... qui n'est plus rien du tout, qu'un couvent... moins encore, d'aucuns disent ! ... *qu'une misérable prison ! !*

De ce prétendu Saint-Siége qui est enfin arrivé chez lui,... *en Italie !* de par la force des événements et LA DIVINE JUSTICE, à cette situation que la France de 89, de la République et de l'Empire, voulaient lui faire ; lui avaient faite chez elle !

Et c'est nous, Monsieur Gambetta, si sévère pour toutes les faiblesses de cet Empire maudit, de Magenta, de Solférino, de Castelfidardo... et aussi, il est malheureusement vrai, DE MENTANA ! ! ! qui tendez encore la main aux misérables épaves de cette triste, de cette ignoble papauté déchue, de par la justice de Dieu, pour tous les crimes infâmes dont elle a souillé la terre ; ces crimes dont elle s'est faite l'inspiratrice et la conseillère, se réservant toujours comme DERNIÈRE INFAMIE !... celle de dire qu'elle n'avait *jamais répandu une seule goutte de sang humain!*... et avait toujours..., *simplement*, livré ses innombrables victimes..... AU BRAS SÉCULIER ! ! !

C'est vous, Monsieur Gambetta, qui relevez cette papauté perdue, en demandant qu'on entretienne encore un ambassadeur auprès d'elle ! Mais vous, qui parlez sans cesse *d'estimer les hommes politiques, comme on pourrait estimer de la chandelle!!* Quel diable d'homme politique êtes-vous donc? Vous, qui ignorez si complétement ce que c'est qu'un *ambassadeur de la France* ; vous faudrait-il donc aller jusqu'à Rome, pour y voir comment Louis XIV, le grand-roi, entendait que la misérable papauté elle-même y traitât les siens?

Quoi! voilà des gens qui ne vivent plus que de honteuses fictions et de misérables mensonges, depuis que les honneurs et les semblants de puissance qui les accompagnaient jusqu'à ce jour, ont pour jamais disparus ! Et c'est vous, Monsieur Gambetta,..... un *homme politique,* qui vous chargez d'en faire QUELQUE CHOSE encore?

C'est vous, Monsieur Gambetta (PETITE JAMBE !), le vertueux, l'austère, le pur Gambetta, si j'en juge par votre sévérité farouche pour tout ce qui touche à l'Empire ; c'est vous qui leur tendez la main à ces pleutres, aplatis par la justice du monde, pour essayer de les relever, de les remettre en selle ; pensant, ESTIMANT, comme le marmiteux Jules Simon, le gnôme appelé Thiers, le pauvre Dufaure, que ces gueux, désormais aplatis, sont encore bien puissants !

Je n'ai certes pas voulu dire, en commençant, que j'irais jusqu'à ménager les hypocrites !

Quoi ! c'est vous, Monsieur Gambetta, que *j'estimais* (pour employer encore votre plat langage), m'en fiant pour cela à vos fameux bulletins de victoire que nous recevions..... pendant le siége de Paris ! *être un homme politique !* c'est vous qui soutenez ces déshonorés, qui ne sont un peu maniables que lorsqu'ils sont écrasés ! ! c'est vous, qui obtenez qu'on maintienne un ambassadeur de la France républicaine auprès de ce chef des bonzes d'Europe ! Ces bonzes, que vous affectez cependant de stigmatiser quelquefois sur les tréteaux, à Belleville et dans les foires de province, et même tous les jours, dans vos feuilles grandes ou petites, par l'intermédiaire de tous vos doctes docteurs,...... HEUREUSEMENT SANS MALADES ! ! !

Mais, Monsieur Gambetta, vous nous prenez donc pour de fières cruches ?? Mais, que diable ! ménagez-nous, je vous en prie, tout le monde, en France, heureusement, ne s'est pas encore nourri du vide et du pompeux Royer-Collard. De Guizot, son ami (vous savez ce qu'il en disait ?) et de..... *l'ami de Guizot* : le petit Thiers, ce....., comme disait Bugeaud, le maréchal à la casquette ! *As-tu vu la casquette du père Bugeaud ?*

Et !, je voudrais bien en voir une casquette, entre temps, une casquette....., si peu galonnée d'OR NEUF qu'elle fût !

UN SIMPLE PETIT CHAPEAU ! ! !

Croyez-vous donc n'avoir plus affaire qu'à des gens endormis, stupéfiés, momifiés, *flegmatisés* par la lecture des *Débats*, du *Siècle* des deux *Républiques* ou du *Temps*???

Non, Monsieur Gambetta, nous estimons que les **mauvaises** lectures ont surmené votre faible cerveau !... Un pas de plus ; que dis-je? il est déjà fait, et vous allez parler du pape, comme en pourrait parler..... la fleur des pois de 1848, Émile Ollivier, le niais! qui est arrivé cependant, lui, à être, plus que vous, un des dieux des *Débats*....., n'a-t-il donc pas été ministre....., le PAUVRE MALHEUREUX !

Le contact avec les puissants esprits vous a gâté : Hugo, Laurier, de Freycinet, Crevisier, Maliky, et, par dessus le marché, le vénérable duc d'Audiffret-Pasquier ; le contact de tout ce *beau monde* vous a fait perdre le jugement! *On le perdrait à moins!!*

Quoi! c'est vous qui venez dire aujourd'hui à vos électeurs qu'il faut qu'ils apprennent *à ménager leur clientèle catholique!*.....Mais Monsieur Gambetta, il fallait leur dire toutes ces belles choses *beaucoup plus tôt!*....; et vraiment, j'ESTIME que vous introduisez là toujours, dans la politique, des mots *de boutique, de cabaret et de comptoir !!!* Quoi! c'est là tout ce que vous avez à dire à des gens auxquels vous avez promis la séparation de l'Église et de l'État, en même temps que la suppression des armées permanentes??

Voilà donc où vous en arrivez, vous si sévère pour l'Empire.... *en paroles vides!* Vous vous faites comme lui, pour notre malheur et notre honte à tous.... OPPORTUNISTE A CONTRE TEMPS!!!

En maintenant à Rome l'ambassade de France auprès du Pape, ne risquez-vous donc pas d'engager la France dans des querelles...

savamment amenées, attisées par la gent jésuitique, catholique, cléricale et ultramontaine ????

Mais, bah! Vous êtes bien le même pauvre homme qui, en parlant des Universités Catholiques, n'y avez su voir que la stupide question *de la collation des grades !….* tandis que c'était de l'EXISTENCE MÊME de ces Universités qu'il s'agissait ! Ces Universités prétendues où l'on s'en va prêcher, à la barbe de la République, *de toutes les vieilles barbes républicaines :* le Syllabus, l'Immaculée-Conception, l'infaillibilité papale et le mépris, la haine et la guerre contre toutes les conquêtes de 1789 !!!

Et comme toutes les révélations se succédaient coup sur coup, pendant cette lamentable et impuissante discussion du budget des Cultes ! Et comme on apprend bien là, pour qui sait lire, à connaître tous les bienfaits de la *République !...*

Vous vous plaignez de l'Empire ! Oui, en effet, il était vraiment aussi lui, trop flegmatique en présence des envahissements de la Prusse et du Catholicisme !! Mais vous, Républicains, que faites-vous donc??

Pendant que la Papauté, 'grâce peut-être à la chûte de l'Empire (*c'est l'Univers qui le dit !*) se proclamait infaillible ! et se mettait ainsi, en tirant de la nuit où on les croyait plongés pour toujours, ces DOGMES ÉVERSIFS DE L'ETAT dont nous parle Portalis, au ban de toutes les lois de la Monarchie, de la République ou de l'Empire !!! que faisaient donc vos héros du 4 septembre ?? M. Dufaure, président du conseil des Ministres de la République, et garde des sceaux a bien voulu nous le dire ! Ces gens du 4 septembre qui affectent sans cesse d'employer le plus vil et le plus abject langage, pour parler de l'Empire, d'un gouvernement auquel le suffrage universel, *leur création de 1848!* venait de donner encore sept millions de suffrages. Ces gens du 4 septembre, sans aucun mandat d'aucune sorte ; ces représentants de Paris révolté, jetés à l'Hôtel de Ville par la même émeute qui devait le réduire en cendre, s'empressaient tout d'abord de supprimer de leur propre chef... mais quoi donc ? LE SERMENT DES ÉVÊQUES !!!

Ce serment auquel ils venaient de manquer à Rome en se ralliant *malgré lui*, à la proclamation de l'infaillibilité papale, *contraire à toutes les libertés de l'Église Gallicane de France!!!* Un dogme ÉVERSIF DE L'ÉTAT, on ne saurait vraiment trop répéter le mot de Portalis : Un dogme qui remettait en honneur toutes *les infâmes prétentions* de Grégoire VII, comme le disait un jour Napoléon-le-Grand lui-même, en parlant au clergé de Paris, *venu exprès pour l'entendre !!*

Et voilà donc comme vos gens gouvernent! C'était le moment, s'ils avaient été autre chose que de sinistres paillasses, de demander compte aux évêques de France de l'impudente violation de tous leurs engagements, de tous leurs serments envers l'État!! Et ces gueux rouges, ces imbéciles qui se couvrent aujourd'hui tous entre eux des mêmes ignobles injures dont ils couvraient et couvrent encore l'Empire, choisissaient justement ce moment.. *pour dispenser les Évêques français de tout serment à l'avenir!!!*

Voilà ce que nous apprend aujourd'hui; non sans une joie secrète sans doute, le vieux parlementaire Dufaure ! Le grand Odilon Barrot a dû en frémir d'aise dans sa tombe!!

Mais quels diables de gens êtes-vous donc? On vous prendrait presque pour des agents de Rome !

Et vous osez encore parler des ménagements incompréhensibles de l'Empire pour le clergé catholique de France! Et dans votre *imbécillité-profonde*, vous allez invoquer je ne sais quel fantôme Espagnol! Etes-vous assez ridicules, êtes-vous assez bêtes, êtes-vous assez niais???

Plus loin le garde des sceaux de la République est convaincu d'avoir voulu passer sous silence les plaintes qui lui ont été adressées sur la tenue du clergé, vis-à-vis des lois de la République.

ET VOUS NE DITES RIEN!!!

On nous dit que les évêques s'attribuent, comme du temps de M. Mérilhon, *les émoluments de curés et de vicaires fictifs;* et vous ne dites rien encore; vous ne savez pas même dire comme M. Mérilhon, « *qu'on prendra immédiatement des mesures,* pour forcer à la « RESTITUTION l'évêque qui avait fait un usage... AUSSI « ÉTRANGE de la confiance que lui accordait le gouvernement»... vous applaudissez... dit l'*Officiel*... ET C'EST TOUT!!! Toujours la politique opportuniste du laissez-faire et du laissez-passer. Vous déblatérez contre l'Empire, et cela suffit à..... à votre gloire!... A LA GLOIRE DE LA RÉPUBLIQUE DU 4 SEPTEMBRE!!!

Ce chapitre de Saint-Denis que vous supprimez aujourd'hui.... pour que votre Sénat, *grand Conseil des Communes de France* ! (Encore une conception... *politique*! de votre Gambetta!) LE RÉTABLISSE DEMAIN ! Mais qui donc l'avait *réorganisé* : MM. Jules Simon et Thiers, vos grands hommes, ces frères Siamois de la bassesse humaine !! Nos grands patriotes de la *défaite adorée!!*

Et sur qui donc, en somme, est retombé..... *en paroles, le Sénat est encore là!!* Tout le poids de vos lourds, imbéciles et vides bavardages?.... sur les pauvres curés de campagne! Et tandis que vous

leur refusez 100 francs d'augmentation sur leurs maigres appointe-
ments, à ces humbles et trop résignées *victimes des Évèques factieux
et criminels d'État!!* Vous maintenez, *sans mot dire*, le gros budget de
ceux-ci, le budget des Archevèques, et le budget des Cardinaux:
ces princes Romains!! Tout un monde de factieux et de criminels
d'Etat, depuis leur adhésion au dogme de l'infaillibilité papale!!
Et pas un de vous ne se lève, pour demander à ce que l'on brise
enfin, au nom de toutes les lois de la France audacieusement violées,
et foulées aux pieds.... cet impudent, cet hypocrite, cet infâme
pouvoir sacerdotal, qui opprime et bétifie aussi bien la conscience
des fidèles: mâles et femelles: qu'il écrase, avilit et martyrise, celle
des pauvres prêtres que vous lui livrez sans raison, sans pitié et
sans miséricorde!!!

Il est vrai que la France qui a sapé toutes les institutions aris-
tocratiques du passé a, pour son malheur, *laissé debout*, la pire de
toutes les aristocraties, de toutes les oligarchies: L'ARISTOCRATIE,
L'OLIGARCHIE SACERDOTALE, qui, restée fidèle à ce qui cons-
titue sa puissance, fait tout pour ramener le genre humain vers
l'abrutissement de l'Égypte ou de l'Inde!!

Et vous regardez tout cela; vous attendez tout des événements!...
et c'est à vous qu'il appartient de les faire naître.... si vous en
avez l'audace et le courage!!

Vous refusez je ne sais quel ridicule subside à un collége de
moines, de je ne sais quelle espèce, ou quelle engeance!

Vous réduisez les bourses des séminaires! *Et vous ne fermez pas
immédiatement tous ces séminaires, comme on vous en a donné le droit.*
Tous ces séminaires, le garde des sceaux vous l'a laissé entendre,
s'il ne vous l'a pas dit, où le Pape infaillible et les Évèques, prêchent

désormais à ciel ouvert: le mépris de la France, le mépris des institutions, des idées de Philippe-le-Bel, de Philippe-Auguste, de Saint-Louis, d'Henri IV, de Louis XIV, de 89, de la République et de Napoléon!!!! *Êtes-vous assez centre gauche!* Royer-Collard! Guizot! Thiers! Odilon-Barrot! de Rémusat, Louis-Philippe-Égalité et..... Comte de Chambord! et Emile Ollivier!!!

Dieu du ciel, que vous a donc fait la généreuse France sans cervelle, pour en être tombée à ce degré d'idiotisme et de stupidité??

Oh! mon pays! mon pays! Mon malheureux pays!!

Et à quoi donc concluez-vous, après vos vides débats?

A une enquête sur les Congrégations!

Les lois sont insultées et bafouées au grand jour!! En plein concile œcuménique!! Et vous allez entamer, vous... une pitoyable, une ridicule, une dérisoire enquête... *dans vos bureaux!*

Et qui ne sait donc ce que veut dire... *une enquête parlementaire en France??*

Et puis, d'ailleurs, elle a déjà eu lieu l'enquête que vous demandez... A RECOMMENCER!!

C'était en 1861, ses résultats ont été publiés en 1864 (3 ANS APRÈS!); ils nous ont appris que les Congrégations comprennent 17,773 hommes, et 90,343 femmes... qui s'en vont partout aujourd'hui *qu'ils ont crus et multipliés!!* prêcher à la suite des évêques, PERINDE AC CADAVER!!! L'Immaculée-Conception! Le Syllabus et l'Infaillibilité papale!!!

Eh quoi! CATILINA EST A VOS PORTES... et **VOUS DÉLIBÉREZ???**

Vous êtes pris entre la peste noire et la peste prussienne!!... et VOUS DÉLIBÉREZ???

Honte et misère!! République de 1848 et de 1870! CONSERVATION DE 1876!!! *Décomposition et embaumement de ce qui fut la France!!!*

Voilà donc les fruits du 4 Septembre : ce beau jour, qui nous enlevait deux provinces, mais nous rendait au moins LA LIBERTÉ?!!

Mais où est donc la tête? Où est donc le chef? Où est donc la République, l'Empire et l'Empereur??? Où est donc celle, où est donc celui qui brisera chez·nous : cette honteuse puissance sacerdotale qui nous brave??? qui nous avilit, qui nous absorbe, et nous fait oublier la frontière béante???

Comptez-vous donc que tout pourra toujours ainsi se passer en *phrases creuses!* Voilà l'Italie qui va, dit-on, c'est le correspondant des *Débats* qui le dit : « Jeter dans son nouveau parlement les bases « d'une ÉGLISE NATIONALE ITALIENNE, *et d'un schisme??* » Enfin! Enfin! Enfin! Allllons donc!!

Et vous, que ferez-vous donc? Vous attendez sans doute ce moment-là POUR PRENDRE FEU TOUS! *pour les fameuses garanties* que vous avez eu l'esprit d'endosser par la présence d'un ambassadeur accrédité *auprès de la personne du Pape!*

Et c'est vous qui parlez de la *convention de septembre!* Mais vous ne voyez donc pas que vous ne savez pas le premier mot de ce que vous dites et de ce que vous faites? Vous ne savez que parler, parler, parler de la *libre-pensée.....,* pour vous dispenser de rien penser du tout? Et cela vous conduit même, sans que vous vous en doutiez naturellement, à risquer de déshonorer la *pensée humaine*, en la représentant comme *nécessairement athée!* Mais Quinet, mais Michelet, étaient-ils donc athées, pour être morts en libres-penseurs? Et vous vivez là encore sur le mot idiot du grand Odilon: « La loi est athée !! »

Vous n'avez pas de principes ; vous n'avez pas d'idées. Vous flottez à l'aventure. Vous voulez à la fois: la séparation de l'Église et de l'État, et l'exécution des lois du Concordat. Ce que vous ne voulez pas surtout, c'est quelque chose de sérieux et de grave : Arriver à fonder une Église Nationale de France, en mettant les Évêques à même de choisir entre leurs devoirs de Français et de *citoyens Romains!!* Arriver à faire respecter la religion, en faisant respecter ses ministres: marier le clergé, lui interdire de confesser et de prêcher, au nom de la loi, des dogmes dégradants et stupides; l'enfermer dans les sentiments élevés de l'Évangile!! Croire aux sentiments qu'il nous enseigne, en en repoussant une basse superstition, contemporaine de ces temps éloignés; n'est-ce donc pas là le plus pur, le meilleur socialisme, le seul possible et le seul *toujours en marche* vers un avénir inconnu de nous tous?

On vous entend toujours parler aussi de morale indépendante; serait-ce donc simplement que vous ne voulez plus de morale du tout, *pas plus que de Dieu?* La morale indépendante, pour tuer toute espèce de morale! et la libre-pensée pour bannir toute pensée de la terre

Méprisez les nobles et grands génies de la Grèce et de Rome : Platon, Caton, pour y substituer les rêves de je ne sais quels bas gueux, de je ne sais quels imbéciles, de quels docteurs SANS CLIENTÈLE; des plus basses, des plus ignorées et des plus envieuses individualités de l'espèce !..... Ne voilà-t-il pas une noble et belle entreprise ! et cela en fera-t-il donc moins que nous retomberons toujours, pour notre heur et notre gloire, sous la domination de ceux que l'Architecte-Éternel a marqué de son sceau, pour nous débarrasser de la faconde vaine et vide des plus lâches, des plus menteurs, des plus vils et des plus bassement intéressés parmi nous.

Républicains, vous avez de jolis chefs ! je ne vous en fais pas mon compliment..... seront-ils donc ministres ?? mais de qui ? et de quoi ?? et avant de les saluer, permettez-moi un déchirant adieu aux *austères* et bornés revenants.... *du Mont-Valérien !* Combien pourtant l'on avait eu raison de les y mettre ; pourquoi donc n'y avoir pas mis aussi..... TOUTE LEUR DÉTESTABLE POLITIQUE ??

A bientôt.

MARCUS ALLART.

La Revanche-Ruel (Seine-et-Oise).

POST-SCRIPTUM

L'Illustre Maréchal de Mac-Mahon, Duc de Magenta, Président de la République Française du 4 septembre, doit être bien embarrassé !

Il a mis son honneur ; il a mis ses scrupules de soldat intrépide, de membre de cette héroïque armée française qui ne marchande pas avec le danger, à être fidèle à ce que lui a prescrit l'Assemblée Nationale de son pays ! Et il sent que cela va lui devenir impossible ! Peut-il donner sa démission ? *Il ne le voudra pas !*

Peut-il dissoudre la chambre? A quoi cela mènerait-il? *Dans l'état constaté des esprits!* Puisque cela serait sans influence sur la composition *du Sénat conservateur!*

Qui, au moins, *autant que la Chambre basse*, est responsable de la crise que nous traversons.

Que faire donc? Ouvrir la soupape qui lui a été confiée par la Constitution! L'article 8 dit textuellement. « Toutefois pendant la « durée des pouvoirs conférés par la loi du 20 novembre 1873 à « M. le Maréchal de Mac-Mahon, LA RÉVISION PARTIELLE OU TOTALE, « *ne peut avoir lieu que sur la propositiou du Président de la République.* »

Que les deux chambres se réunissent donc de nouveau en Assemblée Nationale, et qu'elles examinent *encore une fois*, si ce n'est vraiment pas au pays, convoqué dans ses comices, à trancher lui-même la question de Gouvernement : Légitimité, Orléanisme, République ou Empire????

Et après, QUELLE QUE SOIT LA RÉPONSE DU SCRUTIN, on convoquerait une Assemblée-Nationale-Constituante CHARGÉE, ELLE, *d'organiser* le gouvernement que le pays aurait proclamé dans sa toute puissance! N'est-ce donc pas là le meilleur moyen de sortir des divisions qui nous dévorent? Et iront jusqu'à détruire les derniers germes de notre puissance,... si nous ne savons, pendant qu'il en est temps encore, employer LE DERNIER MOYEN QUI NOUS RESTE POUR Y METTRE UN TERME???

PARIS. CLOT ET FILS AÎNÉ, IMPRIMEURS, RUE BLEUE, 7.

OUVRAGES DU MÊME AUTEUR

NATIONALITÉ ET RELIGION, 1868

NOS FRONTIÈRES MORALES ET POLITIQUES, 1872

UN ÉLECTEUR A SON RETOUR DE CHISLEHURST, 1873

CONTRE-FUSION! RÉFORME! EMPIRE ET REVANCHE! 1873

APPEL AU PEUPLE!
GOUVERNEMENT NATIONAL ET ÉGLISE NATIONALE

SUIVI DE

APPEL AUX ÉLECTEURS DE FRANCE!

TROISIÈME ÉDITION

AVEC UNE LETTRE AU PRÉFET DE POLICE, 1875

SIMPLE REQUÊTE D'UN ÉLECTEUR
A L'ILLUSTRE MARÉCHAL, DUC DE MAGENTA, 1875

A PROPOS DE LA LETTRE DU PRINCE IMPÉRIAL
A M. RAOUL DUVAL
PAR UN ÉLECTEUR!
1875

LE CONCORDAT, NAPOLÉON ET LE CATHOLICISME
A PROPOS DE L'ENQUÊTE DE MUN
PAR UN ÉLECTEUR
1876